Klaus Lange · Hartmut Roder
bordwände
farbige geheimnisse der ozeanriesen
von der bordwand zum kunstwerk

PHOTOGRAPHIE BEI SCHÜNEMANN

Carl Schünemann Verlag Bremen

Klaus Lange · Hartmut Roder
bordwände
PHOTOGRAPHIE BEI SCHÜNEMANN

© BY CARL ED. SCHÜNEMANN KG, VERLAG, BREMEN
Alle Rechte vorbehalten. Nachdruck, auch auszugsweise verboten. Das Werk einschließlich aller seiner Teile ist urheberrechtlich geschützt. Jede Verwertung außerhalb der engen Grenzen des Urheberrechtsgesetzes ist ohne Zustimmung des Verlags unzulässig und strafbar. Das gilt insbesondere für Vervielfältigungen, Übersetzungen, Mikroverfilmungen und die Einspeicherung und Verarbeitung in elektronischen Systemen.

Die Urheberrechte für die Fotos liegen ausschließlich bei Klaus Lange.

- Sammler Prints können über den Verlag erworben werden -
www.schuenemann-verlag.de
sammler-prints@schuenemann-verlag.de

Satz und Buchgestaltung: Gabriele Huflaender
Produktion: Asendorf, Bremen

Printed in Germany 2005

ISBN 3-7961-1864-X

Vorwort

Im November 2004 strebte Klaus Lange anläßlich eines Besuches seiner Heimatstadt einmal wieder in „sein" altbekanntes Überseemuseum. Diesmal trug er eine Mappe mit eigenen Bildern unter dem Arm. Nach mehrmaligen Versuchen traf er mich an und zeigte mir seine Fotografien. Ich war sehr angetan von dieser ungewöhnlichen maritimen Fotokunst. Noch begeisterter zeigte ich mich allerdings, als ich seine persönliche Geschichte hörte: mit 19 Jahren von Bremen in die weite Welt, Odysee durch die Weltmeere und in den Vereinigten Staaten und nunmehr die Metamorphose vom Chef de Cuisine zum Fotokünstler. Erst im Februar des folgenden Jahres ergab sich überraschend die Möglichkeit, eine erste große Ausstellung mit Bildern von Klaus Lange in Bremen und damit erstmals in Europa zu zeigen. Ich war trotzdem noch etwas skeptisch, ob das Werk für die angedachte Ausstellung ausreichen würde. Wie im Fluge vergingen diese Bedenken, als ich mich um die Golden Gate Brücke vor Ort von der Arbeit Klaus Langes überzeugen und tiefer in die besondere künstlerische Ausdrucksform seiner Bilder vertiefen konnte. Seitdem sind nicht einmal vier Monate vergangen, die wir hier in Bremen und er in Emeryville intensiv zur Vorbereitung der Ausstellung genutzt haben. Es hat sich gelohnt. Wie eine Lawine hat sich die Begeisterung und Erwartung auf diese Ausstellung innerhalb unseres Hauses und draußen beim Fachpublikum und bei den Medien gesteigert. Ohne den Einsatz meiner Kolleginnen Andrea Müller und Dr. Heike Schröter hätten wir diese Präsentation ebensowenig zeigen können wie ohne die tatkräftige Unterstützung durch meine Kolleginnen „vom Fach": Gabriele Warnke (Fotografie) und Inge Wulfken-Jung (Grafik). Zum Zustandekommen im Museum war nicht nur die Werkstatt unentbehrlich, sondern auch Patricia Salabert (Öffentlichkeitsarbeit) und Horst Braun (Technische Assistenz). Die Übersetzung der Texte erledigte zuverlässig Friedegund Reynolds. Hermann Schünemann als Verleger mußte nicht lange überlegen, ob er nach Klärung der erforderlichen Kleinigkeiten diesen Katalog herstellen wolle. Allen oben genannten, aber vor allem dem unermüdlich arbeitenden und ansprechbaren Künstler jenseits des „Großen Teiches", Klaus Lange, möchte ich herzlich danken!

Bremen, im Juni 2005
Dr. Hartmut Roder

Preface

In November 2004, whilst visiting his home town, Klaus Lange made his way once again to „his" well-known Übersee-Museum. This time he was carrying a folder with his own pictures under his arm. After trying several times, he eventually managed to get in touch with me, and showed his photographs. I was quite impressed by this most unusual maritime photographic art. However, I was even more impressed, as I listened to his personal story: at the age of 19 from Bremen into the wide world, Odyssey across the seven seas and the United States, and now the metamorphosis from „Chef de Cuisine" to photographic artist. It was not until the following February, that the unexpected possibility arose, to show in a first big exhibition pictures of Klaus Lange in Bremen and with this for the very first time in Europe. Nevertheless, I was still a little sceptical, would the work be sufficient for the planned exhibition. However, all my doubts vanished, as I convinced myself around the Golden Gate Bridge of Klaus Lange's work, and got a deeper look into his special artistic form of expression. Since then not quite four months have gone by, which we used intensively here in Bremen and he in Emeryville with preparations of the exhibition. It was worth it. Like an avalanche the enthusiasm and anticipation for this exhibition increased within our house, as well as outside by the specialist public and the media. Without the effort of my colleagues Andrea Müller and Dr. Heike Schröter, we would not be able to present this exhibition, nore without the energetic support of my colleagues „experts": Gabriele Warnke (photography) and Inge Wulfken-Jung (graphics). Not only the workshop was indispensable to our achievement in the museum, but also Patricia Salabert (public relations work) and Horst Braun (technical assistance). The translation of the text was carried out reliably by Friedegund Reynolds. After clearance of the neccessary minor details, the publisher Hermann Schünemann did not take long to agree to producing this catalogue. I would like to thank all persons mentioned above, but most of all, the unceasingly working and approachable artist on the other side of „the pond", Klaus Lange!

Bremen, June 2005
Dr. Hartmut Roder

„Auf einem rollenden Stein wächst kein Moos"
Klaus Lange – ein Künstler auf Reisen

Alles begann im Überseemuseum in Bremen

Als zehnjähriger Schuljunge erforschte ich die Katakomben einer derzeitigen Pyramiden-Ausstellung, machte mir ein Bild von Afrika, und habe von den Aleuten bis zu Polynesien und wieder zurück vor mich hin geträumt. Bei jedem Museumsbesuch bedachte ich mit Bewunderung, dass es diese Bremer Kauf- und Schiffahrtsleute gibt, die aus aller Welt zu diesen Ausstellungen beitrugen. Nun bin ich selbst einer von ihnen und ich bringe ungewöhnliche Fotos von Bordwänden, auf denen man sehen kann, wie Zeit und Witterung auf konstruierte Natur wirken und dabei Gemäldeartige Kunstwerke entstehen lassen.

Als Seemann auf dem Lotsenboot „California" — draußen auf hoher See bei der San Francisco Seeboje — fotografiere ich die farbigen Seiten von Schiffen aus nächster Nähe, während die Lotsen bei Wind und Wetter die Jakobsleitern rauf- oder runterklettern. Bei näherer Betrachtung von diesen Schiffswänden finde ich, wie durch Farbe und Rost, Verwitterung und Streß, jedes einzelne Schiff sein höchsteigenes Lied in natürlicher Schönheit singt. Jegliche künstlerische Bedeutung davon weise ich allerdings irgendwelchen unbekannten Ereignissen zu, die diese Motive entstehen ließen. Für mich ist es gefundene Kunst, die der japanischen Zen-Denkweise von Wabi Sabi entspricht. Das Konzept von Wabi Sabi ist die Bewunderung dessen, was unvollkommen und vergänglich ist. Ich bin also ein Fotograf, der diese Motive findet und dann künstlerisch vorführt.

Wie bin ich dazu gekommen? Wie gesagt, ist mir das Fernweh im Übersee Museum unter die Haut gekrochen, als ich noch ein Schuljunge war. Danach zogen mich die großen Hotels der Welt an. In der Böttcherstraße in Bremen in Gastronomie ausgebildet, zog ich als 19-Jähriger vom Bremer Hauptbahnhof in die Schweizer Grand Hotels, in dem Herbert von Karajan und Erich Maria Remarque mir auffielen, und habe somit zugleich meine Wanderfüße entdeckt. Mit 20 zog ich schon weiter nach England und nach Schweden, nach New York und dann endlich auf Kreuzfahrtschiffen mehrere Male rund um die Welt. Meinen 21. Geburtstag feierte ich zwischen Neuseeland und Australien. Ich war in Hong Kong, als ich zum allererstenmal das Lied „Junge, komm bald wieder" hörte und vor Heimweh prompt in mein Bier weinte.

Vom „Spitzen Giebel" nach New York

Voller Reisestolz wieder zurück in meiner Stammkneipe, im Bremer „Spitzen Giebel", wollten die Landratten nicht ganz auf mein Seemannsgarn hören und so fuhr ich wieder hinaus, diesmal auf dem Turbinenschiff „Bremen", dem Flaggschiff des Norddeutschen Lloyds, zur damaligen Zeit im Transatlantik-Verkehr von Bremerhaven nach New York. Dort verdiente ich mein Brot als Steward, lernte vom Oberkoch Schaumlöffel einige Geheimrezepte und strahlte einige Jahre als „Vorsänger mit dem samtweichen Bariton" im Mannschaftschor der „Bremen". Der Kapitän fand es ausgesprochen schade, dass ich zur Bundeswehr musste, ganz besonders, weil ich zur Luftwaffe ging. Zwischendurch machte ich jedoch noch schnell eine Reise nach New York, um meine schwache Soldatenkasse aufzubessern. Natürlich auch, um wieder mal eine Runde zu singen.

Vom Bund zog ich nach Berlin, um Restaurant-Manager zu werden. Eine Karriere-Empfehlung erhielt ich vom Kempinski Hotel in Berlin. Ich solle doch in die USA gehen, um dort die Hotelfachschule an der Cornell Universität zu besuchen. Und so hielt ich mich dann zur Zeit der NASA-Mondlandung 1969 an der Cornell, in Ithaca, im Staate New York auf.
In New York gelandet, habe ich schon bald meine Schiffsliebe geheiratet, lebte in Mid-Manhattan und war dort ein „Green Room Johnny". Das bezieht sich auf das Wartezimmer hinter der Bühne, dem sogenannten Green-Room. Meine Frau

arbeitete nämlich in der berühmten Tanzgruppe „The Rockettes" in der Radio City Music Hall. Ich war zu jenem Zeitpunkt Gastronomieleiter im Metropolitan Museum of Art und habe somit durch Osmose Kunst studiert. In-House-Catering war dort meine Hauptbeschäftigung, und meine krönenden Werke waren zweifellos eine „Box Lunch, Punch and Cookies Party" für sage und schreibe 10.000 Gäste sowie ein intimes Mittagessen für den König und die Königin von Sikkim, die zu jener Zeit auf Besuch bei der Museumsdirektion waren. Meine Arbeit im Metropolitan Museum of Art hat für mich einen dauernden Eindruck gemacht, in Bezug auf Kunst sowie auch auf Gastronomie. Intensiv begann ich erstmals die abstrakten Arbeiten von Joseph Albers zu studieren.

Vom Wahrwerden kalifornischer Träume…

Die Schiffsromanze von New York verblühte in einer leidenschaftlichen Trennung. Ich zog wieder weiter. Unter dem Thema „Go West Young Man" öffnete San Francisco das Golden Gate für mich, wo ich dann auch prompt ein Zuhause fand, und 1974 mein kleines und sehr feines „Café Mozart" aufmachte. Das erregte schnell die Aufmerksamkeit von Schriftstellern, Philosophen, Opernsängern und Kunstmalern, die sich alle bei mir wohlfühlten. Es war ein niedliches Restaurant in der Bushstreet mit nur 40 Sitzplätzen, dessen Ruf als romantisches kleines Plätzchen mit fabelhaftem Essen auch bald um die Welt ging. 30 Jahre später, im Jahre 2005, gibt es dieses Restaurant immer noch.

Kalifornien mit seiner Vielfältigkeit an Land und Leuten wurde mir zum Ideal. Dem aggressiven Schmelztiegel von New York entronnen, lag mir die „laid back atmosphere" des Sonnenstaates weitaus mehr. Ich heiratete wieder und wurde Vater von zwei großartigen Kindern, die heute auch Kunst bzw. Theater betreiben, und die ebenfalls in die weite Welt gezogen sind. Nach all diesen Jahren bin ich übrigens rechtlich immer noch Deutscher geblieben, was ich so als persönliches Geheimnis mit mir herum trage. In San Francisco fand ich bald einen alten Kameraden von der schwedischen Amerika Linie, der an der Universität Berkeley sein Doktorat in Philologie absolviert hatte, und nahm ihn ins „Café Mozart" als Geschäftspartner auf. Das ging erst sehr gut, dann nicht so gut, und wir lösten unsere Partnerschaft später wieder auf, indem ich weiter zog mit dem Wunsch, ein kerniges Brauerei-Restaurant nach Bremer Art zu gründen, und zwar mit deftigem Seefahrtsbier, Fleisch, Kartoffeln und Hausgebäck. „Seacliff Cafe and Vest Pocket Brewery" war ab 1986 zwar ein durchschlagender Erfolg, aber nur halbwegs. Bei kaltem und nebligem Wetter in San Francisco ging die Warteschlange bis zur Tür hinaus, aber leider kam es so, dass mein neues Unternehmen in eine allgemeine sechsjährige ökonomische Dürre fiel, und das deftige Essen unter strahlend blauem Himmel leider nicht so richtig zündete. Ich zog mich durch, aber es wurde finanziell immer schwieriger, bis zu einem Punkt, an dem sich meine Familie abtrennte. Ich musste sogar meine Yacht verkaufen. Ich machte nur noch mit halbem Herzen weiter und dann kam das Erdbeben von 1989. Das Geschäft fiel weiterhin ab und brach später meinen Unternehmergeist. Ich wollte nunmehr einfach wieder raus. Ich verkaufte das Geschäft zum halben Preis, zerdrückte dabei eine Träne, und fuhr wieder zur See; denn ein Seefahrtsbuch bleibt immer die letzte Instanz gestrandeter Seeleute, denen das Glück an Land irgendwann mal wieder ausgegangen ist.

Von der kulinarischen „Artform" zum Künstler

Als Chef-Steward auf Öltankern fuhr ich nun von Alaska bis Hawaii und auch nochmal wieder durch den Panama bis hinauf nach Neu England. Und wenn einem die Welt mal auf das Format einer Schiffskabine geschrumpft ist, dann ist man reif für Philosophie und Lyrik. Und so habe ich mit „Seemannskost und einer trockenen Koje" wieder von vorne angefangen. Da ich schön ungestört war, tauchte bald mein Verlangen nach Kunst wieder auf. Es begann mit Gemälden, die ich aus Zeit- und Wettergründen gar nicht malen konnte. Ich schrieb sie daher auf in Gedichten: manchmal gereimt,

manchmal in offener Lyrik, die ich dann „Wortgemälde" nannte.

Wieder an Land suchte ich andere Künstler aus, die mich ansprachen, und wiederum andere Künstler fanden mich… Dabei war die Seefahrt durchaus günstig als finanzielle Basis, um eine künstlerische Karriere zu beginnen. 90 Tage auf See gefolgt von 60 Tagen an Land – das war nach 1993 mein Turnus. Die langen Tage an Land verbrachte ich allerdings zunächst damit, Tausende von Meilen allein auf einem Tourenrad die Pazifische Küste entlang zu fahren und dabei drei Monate im Zelt unter den Sternen zu wohnen. Dabei lernte ich u.a. folgende alltagsphilosophische Grundsätze schätzen: 1. Essen, Trinken und Gangschalten bevor es absolut notwendig wird 2. Alle Reifenpannen passieren stets eine Stunde vor Sonnenuntergang. 3. Distanzen auf der Landkarte lieber zweimal ablesen und nur einmal abfahren. 4. Das japanische Sprichwort zu ehren: Siebenmal umfallen, aber achtmal aufstehen.

Die Kunst auf Bordwänden entdecken

Von den Chevron-Tankerschiffen heuerte ich im Jahre 2000 auf dem San Franciscoer Lotsenboot Pilot Vessel „California" an, auf dem ich auch heute noch fahre. Meine Arbeit vollzieht sich in einem zivilisierten Rhythmus von 4 Tagen an Bord und 4 Tagen an Land. Das Schreiben von Wortgemälden ist mittlerweile gedanklich verdorrt und hat sich in Fotografie verwandelt. Diese Fotografie veränderte sich bald von dramatischen Meeresszenen mit Wind, Wolken, Wasser und Möwen zu abstrakten Nahaufnahmen von Bordwänden, die mich endlos faszinieren. Je nach Inspiration entdecke ich hier unwillkürlichen Kunstausdruck, der vielleicht schon Jahre lang um die Welt fährt, bis er mir dann vor die Kamera kommt. Als Seemann habe ich damit einen Weg gefunden, mich selbst künstlerisch auszudrücken.

In den letzten vier Jahren habe ich bei dem Meisterfotografen Larry Keenan studiert. Er hat seinerzeit den Übergang der Beatniks zu den Hippies fotografiert. Seine Fotos von den Ikonen jener Zeit, Bob Dylan, Alan Ginsberg, Michael McClure, u.a., wurden weltberühmt und hängen heute im Smithonian Institute in Washington, DC. Larry ist Experte in der digitalen Dunkelkammer, dem Computerprogramm „Photoshop". Ich nehme sein Wissen auf wie ein trockener Schwamm. Momentan bin ich im Begriff, „Artist in Residence" am Kala Art Institute in Berkeley zu werden, um dort meine Kunstdruck-Technik zu verfeinern. Mittlerweile zeige ich auch eine permanente Ausstellung im „Pacific Center For Photographic Arts". Bei einer kleinen Präsentation in Hamburg fanden meine Bilder jüngst sogar Federspitzenanklang bei der Lyrikerin Andrea Stephan. Es entstanden mit den Jahren vielfältige Kontakte mit renommierten Künstlern, die mich voll in ihrer Mitte aufgenommen haben. Ich glaube, dass das nicht nur wegen meines schillernden persönlichen und künstlerischen Werdegangs oder wegen meinem ungewöhnlichen seemännischen Metiers so ist, sondern auch, weil ich sehr gut kochen kann. Immer mehr Galerien und auch Sammler interessieren sich für meine Arbeiten, die ja im ungewöhnlichen Zwischenreich zwischen Fotografie und abstrakter Kunst beheimatet sind. Nicht nur in den USA, sondern zunehmend in Europa freue ich mich, dass meine Kunst geschätzt und auch gezeigt wird.

„No moss is growing on a rolling stone"
Klaus Lange -   an artist on travels

It all began in the Overseas- Museum in Bremen

As a ten year old school boy I explored the catacombs of a pyramid exhibition, on show at that time; formed a picture of Africa in my mind, and daydreamed from the Aleuts up to Polynesia and back again. With each visit to the museum my admiration grew for the traders and seamen of Bremen, who contributed to this exhibition from all over the world. Now I am one of them myself, and I am contributing unusual photos of ship's sides, on which it is clear to see, how time and weather conditions work on constructed nature, and through this process painting-like works of art come into being.

As a seaman on the pilot boat „California" I am taking photos of the coloured sides of ships from close by, whilst the pilots climb up and down the rope ladders. By looking more closely at these ship's sides I find, that through colour and rust, weathering and stress, each individual ship sings it's very own song in its natural beauty. In my mind, any artistic meaning can be put down to some unknown incidents, which made these motives possible. For me it is a found art, which can be compared with Wabi Sabi's Japanese Zen way of thinking. Wabi Sabi's way of thinking is based on the admiration for everything imperfect and transitory. Therefore I am a photographer, who finds his motives and then shows them artistically.

How did I get this far? As I said, I was still a schoolboy, as the wanderlust got hold of me in the Overseas Museum. Since then the big hotels all over the world attracted my attention. Trained in gastronomy in the „Böttcherstrasse" in Bremen, I made my way from the main railway station in Bremen to the Swiss „Grand Hotels", where Herbert von Karajan and Erich Maria Remarque attracted my attention, and spontaneously I was plagued by my wanderlust again. At the age of 20 I moved on to England and Sweden, New York and eventually on to cruising ships, taking me several times around the world. I celebrated my 21st Birthday between New Zealand and Australia. I was in Honkong, when I heard the song: "Junge, komm bald wieder" for the very first time, and promptly tears were rolling down my face into my beer.

From the „Spitzen Giebel" to New York

Full of pride back in my local pub, Bremen's „Spitzen Giebel", the landlubbers would not quite listen to my sailor's yarn. Therefore I left again. This time I hired on the turbine-ship „Bremen", a flagship of the Norddeutschen Lloyd, which was on transatlantic travels from Bremerhaven to New York at that time. There I earned my living as a steward, and learned some secret recipes from the chief cook „Schaumlöffel", and a few years later I was beaming as „front singer with the velvet soft Baritone" in the crew choir of the „Bremen". The captain considered it a pity, that I had to go into the army, and especially that I had to go to the air force. In between I undertook a quick journey to New York to improve my small soldier's salary and of course to sing in the choir again.

After leaving the army; I moved to Berlin and worked as a restaurant manager: I received the career recommendation from the Kempinski Hotel, that it would be good for me, to go to the USA to study at the Cornell University, a college for hotel management. In 1969, at the time of the NASA - moon landing, I stayed at the Cornell in Ithaca in the state of New York.

Settled in New York, I soon married my ship's love and lived in Mid Manhattan. I worked there as a „Green Room Johnny". This expression relates to a waiting room behind the stage, the so called green room. My wife was working in the famous dance group „The Rockettes", performing in the Radio City Music Hall. At this time I was the gastronomy manager at the Metropolitan Museum of Art, and started to study art. „In-House-Catering" was my main activity, and my crowning creations are without a doubt a „Box Lunch, Punch and Cookies Party" for as many as 10.000 guests, as well as an intimate midday meal for the King and Queen of Sikkim, visitors of the museum management at that time. My work at the Metropolitan Museum of Art has left a permanent impression on me, concerning art as well as gastronomy. For the first time I began to study intensively the abstract works of Joseph Albers.

California Dreams coming true......

The ship's romance of New York faded and ended in a passionate separation. I traveled on again. Under the topic „Go West Young Man" San Francisco opened the Golden Gate for me, and very soon I found a home. I opened my small, but very fine „Café Mozart" in 1974. This soon aroused the attention of authors, philosophers, opera singers and artists; and all of them felt quite comfortable with me. It was a pretty little restaurant in the Bushstreet, with 40 seats, and its reputation as a romantic place, with exceptional good meals, soon went around the world. 30 years later, now in 2005, this restaurant is still there.

California with the variety in land and inhabitants soon became my ideal. Having escaped the aggressive melting pot of New York, I was feeling more comfortable with the „laid back atmosphere" of this sunshine state. I got married again and became father of two wonderful children, who are carrying on with the artistic, respectively theatrical way of life all over the world today. By the way, after all these years, I am legally still German, which I carry around with me as a safeguarded secret. I soon found a former colleague of the Swedish - America Line, who absolved his doctorate in philology at the Berkley University, and whom I took on as my business partner in the „Café Mozart". At first it went on quite well, but this changed after a while, leading us to breaking up the partnership, and I moved on again, having the strong wish to set up a pithy brewery-restaurant in the Bremen style, with solid seaman's beer, meat, potatoes and self baked biscuits. As from 1986 the „Seacliff-Cafe and Vestpocket Brewery" was in fact a sweeping success, however only partly. By cold and foggy weather in San Francisco, the queue waiting reached as far as outside the door. But more's the pity, my business fell into a general economic drought, lasting for six years, and the good solid food did not really fit under the bright blue sky. I managed just to get by, but financially it was constantly getting harder, up to that point, that my family left me. I even had to sell my yacht. I only carried on half hearted; and then in 1989 there was the earthquake. The business was dropping even more. and eventually broke my entrepreneurship. Now, I just wanted to get out again. I sold the business for half the price, had to swallow a few tears and gone back to sea again. The seaman's registration book is always the last straw for stranded seamen, when luck has left them ashore.

From the culinary „form of art" to an artist.

As chief-steward on oil tankers, I went from Alaska to Hawaii and once again through the Panama up to New England. When the world has shrunk to the size of a ship's cabin, then you are ready for philosophy and lyrics, and that is how I started all over again, with the help of „seaman's food and a dry bunk". As I was quite undisturbed, my yearning for art was quite present again. It all started off with paintings I could not paint, because of lack of time and bad weather. I wrote them down in poems instead: sometimes in rhymes and sometimes in open lyrics, and I called them „word-paintings".

Back on land again, I looked out for other artists, some approached me, and some just found me.... However, going to sea was indeed quite reasonable as a financial basis, to start off an artistic career. 90 days on sea followed by 60 days ashore, that was my rotation after 1993. However, the long days ashore I spend at first with riding a touring bike thousands of miles along the pacific coast, and lived in a tent beneath the stars for three months. During this time I learned to appreciate among other things to follow everyday philosophical principles: 1. Food, drinks and switching gears before it becomes absolutely necessary. 2. All punctures always happen one hour before sunset. 3. Distances on maps are better to be read twice and go over them just once. 4. To honor the Japanese proverb: fall down seven times, but stand up eight times.

Discovering art on ship's sides

Leaving the Chevron –Tankers I signed on the San Francisco pilot vessel „California" in the year of 2000, on which I am still today. I carry out my work in a civilized rhythm, 4 days on board and 4 days ashore. Writing „word-paintings" has meanwhile withered intellectual and has turned into photography. This kind of photography soon changed from dramatic ocean scenes with wind, clouds, water and seagulls into abstract close-ups of ship's sides, which fascinate me endlessly. Depending on the inspiration, I discover here a spontaneous expression of art, which perhaps has been sailing around the world for several years, until I get it in front of my camera. As a seaman I found with that a way to express myself artistically. During the last four years I have studied under the master photographer Larry Keenan. He photographed the transition from the beatniks to the hippies. His photos of the icons of that time: Bob Dylan, Alan Ginsberg, Michael Mc Clure and others became famous worldwide and are to be seen today in the Smithsonian Institute in Washington DC. Larry is an expert in the digital darkroom, the computer programme „Photoshop". I absorbed his knowledge like a dried sponge. Momentarily I am on the point of being an „Artist in Residence" at the Kala Art Institute in Berkley, refining my printing art technique. Meanwhile I have a permanent exhibition in the „Pacific Center For Photographic Arts". At a smaller presentation recently in Hamburg, my pictures even met the approval of the lyricist Andrea Stephan. Over the last years a number of contacts to renowned artists have developed and I was welcomed in their midst. I think, that it is not only because of my colorful personal and artistic career, nor because of my unusual seafaring profession, but also because I am a very good cook.

More and more galleries and also collectors are interested in my work, which resides in the unusual in-between realm of photography and abstract art. I am very pleased, that my art is not only appreciated and shown in the USA, but increasingly in Europe too.

Klaus Langes fotografischer Impressionismus *von Hartmut Roder*

Um die Grenzen der Kunst mit Hilfe der Fotografie zu erweitern oder auch zu überschreiten, bedurfte es seit Ende des 19. Jahrhunderts stets neuer Ideen und kreativer Pioniere. Die Schreckensprognose, dass mit dem Aufkommen der Fotografie die Malerei tot sei, erwies sich schnell als unberechtigt. Beide Gattungen traten in eine intensive Wechselwirkung ein, die bis heute anhält. Während wir über die Ausdruckskraft der frühen Fotografie heute staunen, werden wir gelegentlich überrascht von neuen avantgardistischen Eindrücken und Bildsprachen der Fotografie im Zeitalter ihrer digitalen Nachbearbeitbarkeit. Die Vielfalt der von Fotografen aus aller Welt beschreitbaren Wege bietet immer wieder neue Sichten auf unsere Welt. Schon Walter Benjamin hat in den 30er Jahren des 20. Jahrhunderts den Streit um den jeweiligen „Kunstwert" von Malerei und Fotografie als „abwegig und verworren" (1) bezeichnet, da beide auf dem gleichen „kultischen Fundament" stehen bzw. das Ergebnis der Wechselwirkung von realer technischer Basis und kulturgesellschaftlichem Überbau sind. Spätestens mit der POP-Art der 60er Jahre, die fotografische Arbeiten zum festen Bestandteil ihrer Kunst gemacht hat, hat sich jeder Versuch der generellen Abgrenzung von Kunst und Fotografie erledigt. Wenn für zeitgenössische Fotografie Anfang des 21. Jahrhunderts mehr als 500.000 $ pro Abzug gezahlt wird, so zeigt das die Bedeutung einer eigenen „Aura" des fotografischen Bildes auch angesichts seiner unendlichen Reproduzierbarkeit. Fortan wird Fotografie als eine Kunstform wie jede andere behandelt. Der Fotograf gilt nicht länger nur als Fotograf, sondern als Künstler.

Die Suche nach der eigenen Kunstform

Den Grenzbereich zwischen Fotografie, Malerei, Film und Skulptur zu gestalten - das hat sich der 1942 in Bremen (Norddeutschland) geborene Klaus Lange vorgenommen. Im „Land der unbegrenzten Möglichkeiten" vagabundierte er als Gastronom und Koch fast vierzig Jahre herum, nahm die vielfältigen Optionen dieser Gesellschaft in sich auf, lebte ein typisches Familienleben in der zweiten Hälfte des 20. Jahrhunderts und erlebte alle Höhen und Tiefen einer Migrantenkarriere. Von der Kunst immer schon berührt, begleitete diese Lange über Jahrzehnte als anregendes Milieu, das er gelegentlich studierte und genoss, bevor er Ende der 90er Jahre in einer Lebenskrise erste künstlerische Zugänge zu sich selbst fand und begann, eigene Ausdrucksformen auszuprobieren.

Die vom Bauhaus inspirierten abstrakten Gemälde eines anderen deutschen Migranten, nämlich des 1888 in Bottrop (Westfalen) geborenen Joseph Albers, mit ihrer sehr strengen Formensprache, ließen ihn aufmerken. Lange, zu der Zeit Director for Food & Beverage, lief dem „Farben-Revolutionär" Albers ausgerechnet im Jahr von dessen sensationeller Solo-Ausstellung im New Yorker Metropolitan Museum of Art über den Weg. Ob im Kunstmuseum in New York oder später im „Cafe Mozart" oder im „Seacliffe Cafe" in San Francisco - Klaus Lange betrachtete sich bereits damals als „Künstler" (2). Ob es sich um das Zusammenstellen von Menus, das Kochen selbst oder die Ausgestaltung eines Restaurants handelt - alles bedarf eines kreativen Geschmacks, eines eigenen Sinnes für Stil und prägt eine spezielle „Kunstform" aus, zeigt die unverwechselbare kulturelle Handschrift.

Als Chief Steward auf Riesentankern und fern ab von der kalifornischen Wahlheimat setzte später Klaus Langes zweite Karriere als Künstler ein. Zeitmangel, Wind, Wellen und Wetter ließen die malerische Umsetzung seiner Gedanken, Reflexionen und Impressionen nicht zu. Jedoch begann er damit, „Wortgemälde" - Gedichte - aufzuschreiben. An Bord und vor allem während seiner Solo-Reisen im dem Sattel eines Tourenrades auf den Straßen entlang der amerikanischen Pazifikküste entwickelte sich ein anderer Klaus Lange. Ganz allein mit sich selbst und lediglich umgeben von der Natur und den zufälligen Bekanntschaften am Straßenrand gelang die Reflektion über das Vergangene und der Aufbruch in unbekanntes Neues. Erst in dem neuen Lebensrythmus, der sich mit dem Wechsel auf das Lotsenboot „California" in der Bucht von San Francisco einstellte, verschoben sich die künstlerischen Impulse und Produktionen vom Schreiben zum Fotografieren. Es veränderten sich auch die Lebensprioritäten des Alltags: Chief Steward zum Gelderwerb, Leidenschaft und Lebensglück mit der Kamera. Die vier Tage auf See erbringen neben der regulären Arbeit genügend Motive und Augenblicke zum Fotografieren. Die vier Tage an Land sorgen für die Aufbereitung, Auswahl und Nachbearbeitung des fotografischen Materials sowie die

Quallen

Deepsea

praktische und theoretische Weiterentwicklung des technisch-künstlerischen Handwerks.

„Fotografieren, das heißt den Atem anhalten." (Henri Cartier-Bresson)

In 20 Sekunden seine Bilder machen bei teilweise unruhiger See, gefährlichen Manövern und heftigen Windstärken - das sind die außerordentlichen Produktionsbedingungen an Bord des Lotsenbootes „California". Ozeanriesen aus aller Welt tauchen nicht selten unvermutet aus dem Nebel an der San Francisco Boje auf, um den Lotsen aufzunehmen, der die Schiffe sicher zwischen den Sandbänken der Bucht von San Francisco zum Be- und Entladen im Containerhafen von Oakland manövrieren muss. Es bleibt keine Zeit, ausführlich auf Motivsuche zu gehen. Kein Containerkapitän, kein stets mit Ausbesserungsarbeiten beschäftigter Seemann, keine Reederei und keine Reparaturwerft ahnt, dass Klaus Langes Objekt der fotografischen Begierde die Bordwände der Schiffe sind. Niemand hat diese teilweise mehrere hundert Meter langen und über zehn Meter hohen Wände präpariert oder gar nach ästhetischen Gesichtspunkten repariert oder bemalt. Klaus Lange macht diese z.T. schon in mehreren Schichten mit Rost- oder Zierfarbe bemalten Schiffskörper zum Gegenstand seiner Zufallskunst. Er hat für seine Aufnahmen nur den kurzen Moment während das Lotsenboot sich dem Schiff nähert und der Lotse das Boot verläßt, um über die Jakobsleiter an Bord des Ozeanriesen zu klettern. Dann dreht das Lotsenboot schnell ab und nimmt neuen Kurs auf das nächste Großschiff.

Anders noch als bei seinen sehr stimmungsvollen Bildern vom Meer oder von der lebendigen See um die San Francisco Boje entscheiden bei der Auswahl der Motive allein der Moment, das geübte Auge, der fotografische Feinblick und das Glück des Augenblicks. Häufig kann Lange in den Sekunden des Suchens und Auslösens noch gar nicht erkennen, welchen „Fang" er da gemacht hat. Die Feinstruktur, die Schattierungen, die verborgenen Motive, die die Bordwände zieren, treten erst später -nicht selten vergrößert am Computer- zutage. Diese Ausbeute aus Farben, aus Strukturen, aus Motiven gilt es zu finden, zu entdecken, zu fixieren, zu entziffern und freizulegen. Größere Authentizität eines Fotodokuments ist kaum denkbar. Das Bild als Abbild der Wirklichkeit ist kaum wiederholbar, schon allein, weil es nach dem nächsten Liegeplatz bereits vergangen sein könnte. Unbekannte und einzigartige Vorgänge haben jedem Schiffskörper mit Farbe und Rost, Verwitterung, Havarien oder Stress eine eigene Hautfarbe gegeben. Kaum jemand ahnt etwas von dieser „gefundenen Kunst" oder interessiert sich für sie oder sieht darin ausgiebiges Material für Kunst. Eine spezielle Art von Produkt- , von Körper- oder Porträtfotografie offenbart sich, die nicht inszeniert oder dramaturgisch gestaltet wurde.

„Photoshop" und die Metamorphose zum Kunstwerk

Klaus Lange fotografiert zufällig die an ihm vorbeifahrende Bordwände von Containerschiffen, Bulkcarriern, Kühlschiffen und anderen Seefahrzeugen, die einen Lotsen benötigen, um sicher in der Bucht von San Francisco anlegen zu können. Mit seiner Digitalkamera fängt er seltene Dokumente der heutigen globalen Schiffahrt ein. Dabei ist er aber kein Schiffsliebhaber im traditionellen Sinne. Er interessiert sich weniger für die Bruttoregistertonnen, den Tiefgang oder die Flagge, die das Schiff führt. Allein die unspektakulären Farben, Schichten, Strukturen oder Motive auf den Bordwänden nimmt er mit Hilfe des Speicherchips seiner Kamera mit nach Hause. Dort überspielt er die Bilder auf seinen Computer und bearbeitet sie. Aus den Fotos vor der Bucht von San Francisco werden Kunstwerke. Die Metamorphose von oder besser Synthese zwischen Fotografie und Kunstwerk findet zu Hause statt.

Das überall erhältliche und auf Millionen PCs installierte Bildbearbeitungsprogramm „Photoshop" führt nicht dazu,

Surfer

Epiphany

dass Lange andere Farben, Strukturen oder Motive in einem neuen Foto erstellt, wie es die Experimentalfotografie tut. Er erfindet kein neues Bild, damit es als Kunst Anerkennung findet und akzeptiert bzw. von Sammlern erst angekauft wird. Mit Assistenz von „Photoshop" kann der Fotograf in seiner digitalen „Blackbox" Ausschnitte hervorheben, Kontraste akzentuieren, die Tonwerte und die Farbbalance verändern, Schattierungen vornehmen und die Schärfeneinstellung neu justieren, um das Foto bzw. dessen Ausschnitte zu optimieren. Das kreative Moment besteht nicht in der Konstruktion einer neuen Realität – also einer anderen Schiffsaußenhaut –, sondern ist darauf fokussiert, das Eigenartige im Bild zu finden, das sonst kaum wahrgenommen wird, es herauszustellen und besonders zu betonen. Der Momentaufnahme entlockt Klaus Lange farbige Bilder von hoher metaphorischer Qualität.

Wie sein Lehrer, der bekannte amerikanische Beatnik-Fotograf und Digital-Pionier Larry Keenan betont, ist es Klaus Lange erstmals auf außergewöhnliche und erstaunliche Weise gelungen, abstrakte Bilder zu schaffen, die die Arbeit mit der Kamera zu einem ausgezeichneten Instrument zur Herstellung neuer impressionistischer Kunst macht (3). Dem ebenfalls in Emeryville, einer Vorstadt von San Francisco, lebenden und mit vielen Preisen ausgezeichneten Keenan verdankt Klaus Lange seinen breiten fotografischen Ansatz und den virtuellen Umgang mit „Photoshop". Keenan betrachtet Fotografie als ganzheitliche Kunstform, die nicht nur die Fähigkeit zum Zeichnen und Malen, sondern vor allem auch eine breite Allgemeinbildung in Psychologie und Philosophie voraussetze.

Fotografischer Impressionismus oder neuer Rorschach-Test?

Als Bild-Gestalter macht Klaus Lange die Spannbreite zwischen dokumentarischer Wiedergabe und artifiziell-technischer Inszenierung deutlich, indem er ästhetisch autonom bleibt. Die künstlerische Aussage Langes erfolgt zweifellos mit Hilfe der technischen Möglichkeiten der Bildbearbeitung. Somit manipulieren und verändern diese das ursprüngliche Foto. Sie verfälschen, verfärben oder kopieren dieses jedoch nicht. Lange arbeitet anders als die experimentelle oder auch generative Fotografie. Diese lösen nämlich mit Hilfe von Filtern, Mehrfachbelichtungen, seriellen Abläufen oder mit Hilfe der Montagetechnik bewusst die Fotografie von der Wirklichkeit ab und erzeugen neue ästhetische Strukturen oder arrangierte Bilder mit fotografischen Mitteln. Nicht so Lange. Auch mit der POP-Art und dem neuen Realismus in der Malerei, die der Fotografie eine neue Rolle zuweisen, haben Langes Arbeiten nichts zu tun. Mag gerade der berühmteste Schüler Joseph Albers, der amerikanische Künstler Robert Rauschenberg, das fotografische Bild in andere Räume, Zeiten und Zusammenhänge bringen, Lange bleibt bei seinen Bordwänden. Auch wenn er diesen bestimmte Ausschnitte entnimmt und sie aus dem Gesamtzusammenhang isoliert, so will er doch keine Hyperrealität schaffen.

Allerdings lassen sich Überschneidungen mit der Konzeptkunst der 70er Jahre ausmachen; auch dieser ging es vor allem um die Rezeption ihrer Bilder: Welche Einstellungen, Gefühle, Phantasien oder gar Projektionen verbindet der Betrachter mit den Bildern? Klaus Lange hat damit kein Problem. Den meisten seiner Arbeiten hat er selbst einen Titel gegeben. Während z.B. der „Grünfisch", die „Korallenwelt", die „Feder" oder „Monets Rosen" schnell zugeordnet werden können, steht dem Assoziationsvermögen und dem Phantasiereichtum des Betrachters bei vielen Bildern noch jeder Weg offen. Indem Lange seine der industriellen Natur abgeguckten „Zufalls-Kunst" seine Namen bzw. Zuschreibungen nicht vorenthält, eröffnet er eine Fülle von Dimensionen, die seine Bilder noch in sich tragen. Sie sind somit im besten Sinne Deutungsträger und enthalten eine Menge von Sinnbildern, die es unsererseits zu entdecken gilt.

London confetti

Venus rising

Insofern trifft das zu, was Klaus Lange mit einem Augenzwinkern „mein Rorschach-Kabinett" nennt. Dem Künstler fallen stets Titel ein. Klaus Langes Bilder sind zwar nichtgegenständlich, aber sie unterscheiden sich grundlegend von den inhaltsleeren Farbklecksen, die immer noch zur Persönlichkeitsdiagnostik eingesetzt werden. Gemeinsam mit dem Rorschach-Test ist Langes Bildern gewiß die Frage eingeschrieben: Was sehen bzw. wie interpretieren die Betrachter die vorliegenden Bilder? Anders als bei Rorschach schafft Lange aber nicht lediglich zehn Interpretationsbeispiele, sondern zu den ca. 140 hier erstmals überhaupt gezeigten Bildern kommen wöchentlich neue hinzu. Dem Betrachter tut sich ein Ozean von Möglichkeiten auf, die zu entdecken zweifellos großen Spaß macht. Die Bilder decken zwar ein großes Spektrum an Farben, Strukturen usw. ab, aber von ihrer Leichtigkeit geht kein Bann aus, der einem schnell über ist, so dass der Betrachter schon bald genervt das Bild umdrehen müsste. Sicherlich sind Langes Bilder in ihrer ganzen sinnlichen Nähe aber mentalen Fremdheit eine klare Abkehr von geometrischen Idealfigurationen der Bildelemente oder vom erzählten Inhalt eines Bildes. Sie sind in ihrer Ordnung von Massen, Farben und Flächen rein visuell und rein sinnfällige Phänomene. Durch ihre oftmals hellen und kräftigen Farben haben sie eine Fülle von sensuellen Eindrücken der Schiffshäute eingefangen. Ihre atmosphärische Hülle lädt jedoch vor allem den Betrachter zu seinen eigenen Impressionen ein.

Die in dieser ersten Werkschau von Klaus Lange vorgenommene Einteilung nach Farben, Strukturen, Motiven, Vorbildern und Landschaften ist rein zufällig und dem Assoziationsvermögen der Kuratoren entsprungen.

Anders als im Rorschach-Test können Sie, liebe Leser, gewiss sein, dass der Künstler keinen Anspruch darauf erhebt, von den Assoziationen der Betrachter auf ihre Ich-Schwäche, Impulskontrolle oder gar Qualität der Objektbeziehungen kurzzuschließen. Allein der visuelle Genuss, verbunden mit dem Erstaunen über Herkunft, Kraft und Interpretationsvielfalt machen das Werk von Klaus Lange zu einer innovativen Bereicherung. Klaus Lange ist wahrlich kein Pixelpaparazzi. Er zeigt, was man mit der neuen Digitaltechnik alles machen kann und wie sich selbst in Zeiten der computergestützten Massenfotografie an außergewöhnlichen Orten und mit einmaligen Motiven eine neue Art von unverwechselbarer Erhabenheit der Einzelaufnahme herstellen lässt. Die vorliegende neue Synthese aus Fotografie und Malerei schuf auch eine neue Buchform: das Amalgam aus Foto- und Kunstbuch (4). Möge es der Schaulust und der Interpretationsfreude dienen!

(1) Walter Benjamin, Das Kunstwerk im Zeitalter seinen technischen Reproduzierbarkeit, Frankfurt am Main 1963, S.22
(2) So Klaus Lange in: American Brewer, Winter 1988, S.12
(3) Siehe Interview mit Larry Keenan vom 12.12.2004, in: http://search-warp.com
(4) Vgl. Anne Thurmann-Jajes, Die Reproduktion der Fotografie und das Künstlerbuch, in: Neues Museum Weserburg, Ars Photographica, Bonn 2002, S.12ff.

Mirage

Klaus Langes photographic impressionism *by Hartmut Roder*

To widen, or even to go beyond the borderline of art with the aid of photography, it steadily needed new ideas and pioneers since the end of the 19th century. The nightmare prognosis, that through the upcoming photography painting would die out, soon proved unwarranted. Both genres stood in an intensive interaction, which still continues today. Whilst we are amazed today about the expressiveness of photography in the earlier days, we are occasionally surprised of new avant-garde impressions and metaphorical language of photography in the age of digital processing and retouching. The variety of ways by photographers from all over the world continuously offer new visions of our world. Already in the thirties of the 20th century, Walter Benjamin called the argument about the individual „art value" of painting and photography as „erroneous and confused" (1), as both are standing on the same „cultic foundation", respectively are the result of interaction of real technical basis and cultural societal superstructure. At the latest with the POP-ART of the sixtieths, which made photographic works to a solid integral part in their art, each attempt of generally separating art and photography failed. When more than 500.000 $ were paid per copy for contemporary photography at the beginning of the 21st century, it underlines the meaning of an own „aura" of the photographic picture, even in view of endless reproducing feasibility. From this time on, photography is treated the same as any other form of art. The photographer is not regarded just as a photographer but as an artist.

The search of the own form of art

Giving artistic form to the border zone between photography, painting, film and sculpture – that is the goal of Klaus Lange, born in 1942 in Bremen (Northern Germany). In the „land of the unlimited possibilities", he was roving around as restaurateur and cook for nearly forty years, absorbed the varied option of this society, lived a typical family life in the second half of the 20th century and experienced all ups and downs of a migrants career. He was always interested in art, and this feeling accompanied Lange over decades as a stimulating milieu. Occasionally he studied and enjoyed art, until he towards the end of the ninetieth, during a life-crisis, found to himself, and experienced a first artistically approach, and started to try out his own forms of expression.

The „Bauhaus", a famous designer school with very strict rules on the usage of forms, inspired abstract paintings of another German migrant; by the name of Joseph Albers, born 1888 in Bottrop (Westfalia). Lange got to know about that.
Lange, at this time director for food and beverage, crossed the path of the „color revolutionary" Albers just in the year of his sensational solo exhibition in the New Yorker Metropolitan Museum Of Art. If he was in the Museum Of Art in New York, or later on in the „Café Mozart", or in the „Seacliffe Café" in San Francisco´, Klaus Lange looked upon himself already as an „Artist" (2). If it is about creating a menu, cooking, or furnishing a restaurant, everything needs a creative taste, an own sense for style and forms, a special „form of art", it always shows the unmistakable cultural handwriting.

Later on, as chief steward on big tankers, and far away from the country of adoption, California, Klaus Lange's second career as an artist got on the way. Lack of wind, waves and weather conditions did not allow him to realize his thoughts, reflections and impressions in paintings. However, he started to write down „word paintings" – poems. On board and especially during his solo rides in the saddle of a trekking bike along the streets of the American Pacific coast, another Klaus Lange was born. All alone with himself and merely surrounded by nature, and perhaps an occasional acquaintance along the way, he succeeded in reflecting on the past, and setting out into unknown new fields. But only in the new rhythm in his life, which started with the change over to the pilot vessel, the „California", in the Bay of San Francisco, his artistic impulse and productions of writing changed towards photography. Also his priorities of the every-day life changed: chief steward for earning a living, compassion and zest for life with his camera. Apart from the regular work, the four days on sea offer enough motives and moments for taking photographs. The four days ashore provide time for processing, selection and touching up of the photographed material, as well as the practical and theoretical development of the technical-artistically craft.

„Photographing, that means to hold one's breath"
(Henri Cartier-Bresson)

Taking pictures within 20 seconds by partly rough seas, dangerous manoeuvres, and strong gusts of wind – those are the extraordinary production conditions on board of the pilot ship „California". Not seldom, giant ocean steamers from all over the world appear unexpectedly out of the fog at the San Francisco boy, taking the pilot on board, maneuvering the ships around the sandbanks of the Bay of San Francisco, to load or unload in the Container Terminal of Oakland. It does not leave the time, searching for motives in great detail. No captain of a container ship, no seaman, busy carrying out repair work, no shipping company and no repairing ship yard is suspecting, that Klaus Lange's objects of photographic desires are the ship's sides of their vessels. Nobody has prepared the sometimes several hundred meters long, and more than ten meters high, ship's sides; repaired or painted them in aesthetic point of view. Klaus Lange makes these ship's sides, already covered with several layers of rust and paint to the object of his „Chance Art". He only has a moment for his takings, when the pilot boat comes into reach of the ship, and the pilot leaves the boat to get on board of the ocean giant via the Jacob's ladder. After that, the pilot boat turns away quikkly, to take up a new course to the next big Ocean steamer. Different to his more idyllic pictures of the ocean, or the lively sea around the San Francisco buoy, alone the moment, the practiced eye, the photographic knowledge and luck of the moment decide when to select the motives. Many of times Lange can't recognize within the seconds of searching and triggering off, which „catch" he has made just then. The fine structure, the shading, the hidden motives, which decorate the ship's sides are brought to light later on, not seldom enlarged on a computer. The exploitation of colours and structures has to be found, explored, to fix, decipher and exposed. A bigger authenticity of a photographic document is hardly possible. The picture as reproduction of reality is hardly repeatable, as it may already be gone after the next berth. Unknown and unique incidents have given each hull an own „skin colour" through colour, rust, weathering, damage or stress. Hardly anybody knows anything about this „found art" or is even interested in this art, nor sees in it substantial material for art. A special kind of product, of body - or portrait photography is revealed, which has not been produced or dramaturgical expressed.

„Photoshop" and the metamorphosis to art.

Klaus Lange is taking photographs of the sides of bypassing containerships, bulk carriers, refrigerator ships and other seafaring vessels, which are in need of a pilot, conducting them through the Bay of San Francisco to berth. With his digital camera he captures rare documents of today's global shipping, although he is not all that fond of ships in the traditional sense. He is not all that interested in register tons, draught or the flag, under which the ship is sailing. Only the none spectacular colours, layers, structure or motives on the ship's side of the vessels are of interest, which he takes home, with the help of the storage chip of his camera. He transfers the pictures onto his computer and works on them. The photographs of the Bay of San Francisco turn out to be works of art. The metamorphosis of, or better synthesis between photography and work of art takes place at home. The picture editing software „Photoshop", everywhere available and installed on millions of PC's, does not lead Lange to producing a completely new photograph, by using different colours, structures or motives, as it is done by experimental photography. He does not invent a new picture, to gain acceptance as a work of art, and then in term to be bought by collectors. With the assistance of „Photoshop" a photographer has the opportunity of emphasizing details in his digital „Blackbox", accentuating contrast, sound quality and change the balance of colour, add shadings and adjust focus tuning to optimize the photo,

respectively a detailed part. The creative moment does not lie in constructing a new reality – another ship's outer skin – but to focus on finding the peculiarity in the picture, to emphasize and particularly to accentuate, which otherwise would hardly be perceived. Klaus Lage elicits a photographic shot coloured pictures of high metaphorical quality.

His teacher, the well known American Beatnik-Photographer and digital pioneer, Larry Keenan points out, that Klaus Lange succeeded for the very first time in a remarkable and astonishing way, to create abstract pictures, that makes the work with the camera to an excellent instrument for the production of new impressionistic art. (3) Klaus Lange has to thank Keenan, likewise living in Emeryville, a suburb of San Francisco, who was awarded with many prizes, for his wide range photographic approach and working virtually with „Photoshop". Keenan looks upon photography as an integral form of art, which does not need only the ability to draw and paint, but also requires a wide all-round education in psychology and philosophy.

Photographic impressionism or new „Rorschach-Test"?

„As a picture designer, Klaus Lange makes the range between documentary description and artificial-technical production quite clear by staying aesthetic autonomous. Lange's artistically statement is undoubtedly carried out with the help of the technical possibilities of picture editing. With this the initial photo has been manipulated and changed, however they are not distorting, discoloring or copying it. Lange works differently than the experimental or generative photography. With the aid of filter, multiple exposure, serial sequences, or with the help of montage techniques the photography is consciously detached from reality, and producing new aesthetic structures, or arranged pictures with photographic methods. But not Lange. Lange's work has nothing to do with „Pop Art" and the new realism in painting, giving photography a completely new role. May just the most famous scholar of Joseph Albers, the American artist Robert Rauschenberg bring the photographic picture in another sphere, time and coherence, Lange sticks to his ship's sides. Even if he takes some detailed parts of his takes and isolates them out of the general view, he does not intend to create hyper reality. However, intersections with the conceptional art of the seventieths become apparent. Here the main focus lie in the adoption of their pictures: which focus, feelings, imagination, or even projections, links the observer to the picture? Klaus Lange does not have any problem with that. He himself has given most of his work their title. Whilst for instance the „Green Fish", the „Coral World", the „Feather" or „Monet's „Roses" can be classified very quickly, it still leaves a lot of room in a number of pictures to the observer's association and imagination. Since Lange does not withhold the name of his „Found Art", which he came across by chance in the industrial nature, he reveals a host of dimensions, which his pictures are still bear inside. They are therefore in the best sense bearer of interpretation and contain a lot of symbolic, which is still to be discovered by us.

In this respect it is accurate, when Klaus Lange says with a twinkle in the eye „my Rorschach - Gallery". The artist is always thinking of new titles. Klaus Lage's pictures don't represent objects, but vary fundamentally from the meaningless blobs of paint, still used in personality diagnosis today. Together with the „Rorschach-Test" one has to put the question to Lange's pictures: what does the observer, respectively how does the observer interpret these pictures? Different to Rorschach, Lange does not create only ten interpretation examples, but additionally to the approximately 140 pictures on show here for the very first time, there are new ones added weekly. An ocean of possibilities opens up to the observer. These to discover should undoubtedly be enjoyable. The pictures cover a wide spectrum of colours, structures etc., but through their easiness there is nothing going out to the observer for him to loose interest, or after a short while perhaps wanting to turn the picture over. Surely Lange's pictures, with all their sensorial nearness, but mental strangeness, clearly turn away from geometrical ideal figurations of painting elements, or from the narrative content of a picture. They are in their arrangement, colours and surface, pure visual and pure obvious phenomenon. Through their often light and rich colours, they have captured a richness of sensory impression of the „ship's outer skins". Their atmospheric exterior is inviting, especially the observer, to find and form their own impressions.

In this first look into the work of Klaus Lange, the order of arrangements of colours, structures, motives, models and landscapes is purely by chance, and arisen out of the association ability of the curators. In difference to the „Rorschach-Test" you can be assured, dear reader, that the artist does not make the claim to conclude on the associations of the observer on their „Ich-Schwäche", „ego weakness", impulse control, or even quality of the objects relations. Only the visual pleasure to link with amazement of the origin, power and interpretation variety make the work of Klaus Lange to an innovative enrichment. Klaus Lange is no Pixelpaparazzi. He shows, what can be done with the new digital techniques, and even in times of computer supported mass photography, at most unusual places and with unique motives a new kind of unmistakable sublimity of the individual photo shot can be produced. The now available new synthesis of photography and painting created a new form of book: the amalgam of photo- and art book (4). May it serve the onlooker and the pleasure of interpreting.

(1) Walter Benjamin, Das Kunstwerk im Zeitalter seinen technischen Reproduzierbarkeit, Frankfurt am Main 1963, S.22
(2) So Klaus Lange in: American Brewer, Winter 1988, S. 12
(3) Siehe Interview mit Larry Keenan vom 12.12.2004, in http://search-warp.com
(4) Vgl. Anne Thurmann-Jajes, Die Reproduktion der Fotografie und das Künstlerbuch, in: Neues Museum Weserburg, Ars Photographica, Bonn 2002, S,12ff.

F A R B E N

ERSCHEINUNG
APPARITION

Unter der silbernen See
Below the silvery

MAITAG
BELTANE

Code pink

KOMPOSITION
COMPOSITION

KORALLENRIFF
CORAL REEF

Fallujah
Falludscha (Irak)

Spiegelbild
Mirror image

Feder
Feather

Einladung zum Tanz
Invitation to dance

Fata morgana
Mirage

Mond-Surfer
Moonsurf

Orangene Explosion
Orange explosion

Paradiesvogel
Birds of Paradise

Kaulquappen
Polliwogs

Sandwürmer
Sandworms

Säbel
Scimitar

Seelenwanderung
SOUL JOURNEY

FACKELTRÄGER
TORCHBEARER

Dem Licht entgegen
Toward the light

Mandanza

EVOLUTION

S T R U K T U R E N

ERZENGEL
ARCHANGEL

BAJAZZO

BLAUWIRBEL
BLUETWIRL

BURKA

FLÄCHENBRAND
CONFLAGRATION

KONTINENTALPLATTEN
CONTINENTAL SHIFT

KREBS
CRUSTACEAN

FAHRENHEIT

FEHLTREFFER
DUD

KOMMENDER STURM
IMMINENT STORM

Inferno
Inferno

Konfetti in London
LONDON CONFETTI

MEERJUNGFERS TRAUM
MERMAIDS DREAM

SCHÄFERSPIEL
PASTORALE

Pele, Vulkangöttin
Peles gold

Reflektion
Reflection

Rinnsale
RIVULETS

SEEUNGEHEUER
SEAMONSTER

SEETANG TANGO
SEAWEED TANGO

SILOUETTEN
SILHOUETTES

SURFER

TAMPOPO

IN DAS LICHT
TOWARDS THE LIGHT

TRENNLINIE
BORDERLINE

NACH CY TWOMBLY
TWOMBLY#5.

POLLOCK GENANNT
NAMEND POLLOCK

Sumpfgeister
Swamp ghosts

HERAUSFORDERUNG
CHALLENGE

KRÖNUNG
CORONATION

Tanz der Derwische
Devish dance

TROMMELKREIS
DRUMMING CIRCIE

M O T I V E

Korallenwelt
Coral world

ZOLLHAUS
CUSTOMSHOUSE

TIEFSEE
DEEPSEA

DREIKÖNIGSFEST
EPIPHANY

GRÜNER FISCH
GREENFISH

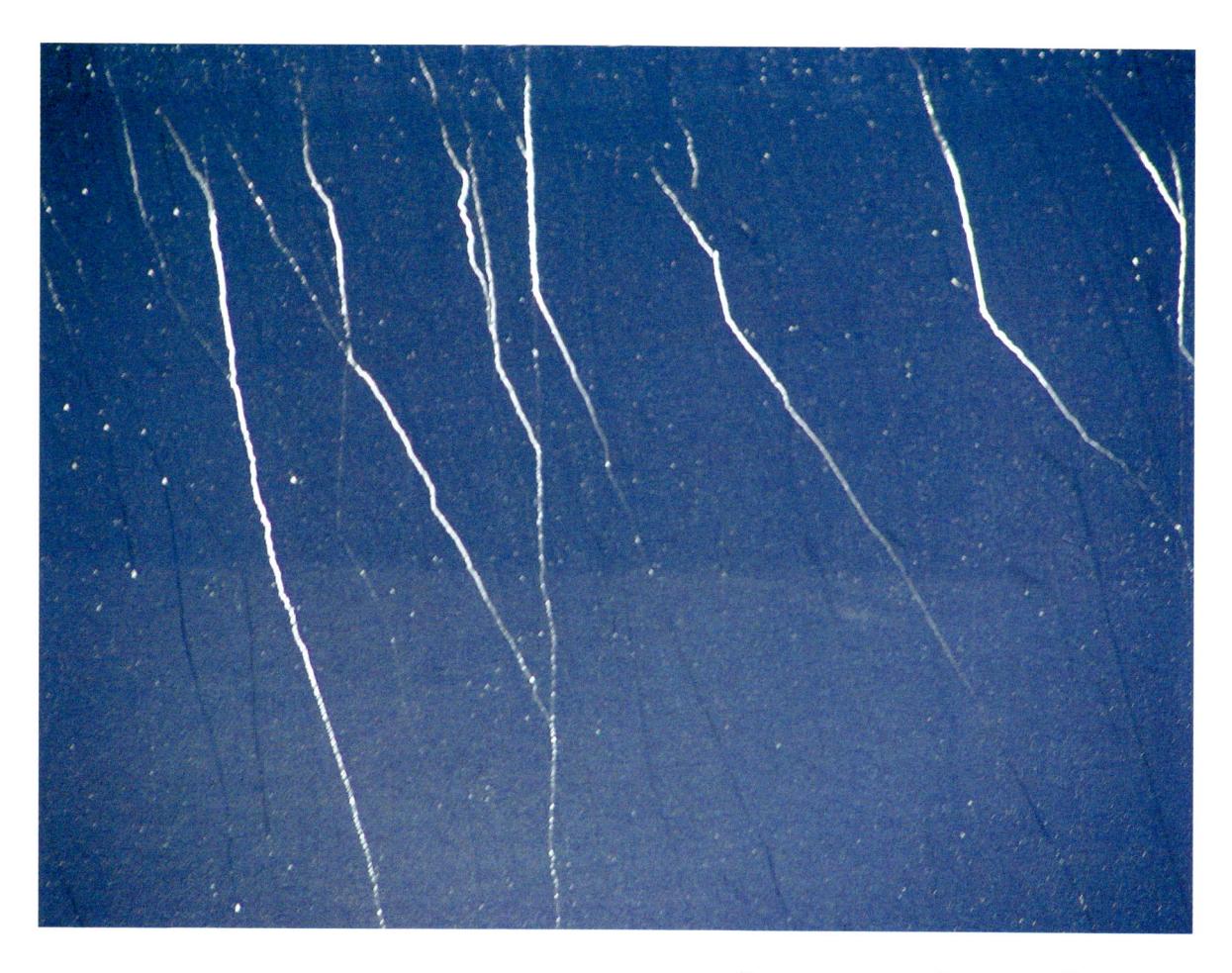

Koreanische Hyundai-Nation
Hyundai republic

FALL DES IKARUS
IKARUSFALL

JONAHFISCH
JONAHFISH

Reise zu lieblichen Orten
JOURNEY TO SOFT

Paradiesvogel
Bird of Paradise

ZUSCHAUER
ONLOOKERS

Quallenlärm
Jellyfishnoise

FISCHSCHWARM
QUICKFISH

QUALLE
JELLIFISH

STADT AM ROTEN SEE
REDLAKE CITY

SCHWERT DES SAMURAI

FISCHSCHWARM
SCHOOLFISH

WASSERFALL MIT MORGENSONNE
TECHTONICS

U-Boot und Scheune
Submarine and barn

AKROBATEN

OPER
OPERA

V O R B I L D E R

Rhythmus der Kunst
Artbeat

WÜRFELSPIEL
DICEROLL

DIPLOMATIE
DIPLOMACY

KANDINSKY

KOOYANISQUATSI

MONETS ROSEN
MONET'ROSEN

MUNCH ERTRINKT
MUNCH IS DROWNING

FLICKEN
PATCHES

STADT UND DÄMMERUNG
TWILIGHT IN THE CITY

LANDSCHAFTEN

Abendspaziergang
Evening stroll

Abgrund
Abyss

Das andere Ufer des styx
Across the styx

BLAUER HORIZONT
BLUE HORIZON

Komet
Comet

MORGENHIMMEL
MORNING SKY

NACHTBLICK
NIGHTVISION

REGENTROPFEN
RAINDROPS

Roter Weizen
Red wheat

SEENEBEL
SEAFOG

STURMKÜSTE
STORMCOAST

Stratosphäre
Stratosphere

SONNENBLOCK
SUNSQUARE

Tropischer Morgen
Tropical morning

GEBURT DER VENUS
VENUS RISING

HÖHLENBÄR
CAVE BEARD

PANAMA

Salzmarsch
Salty meadows

STADTLICHTER
CITYLIGHTS

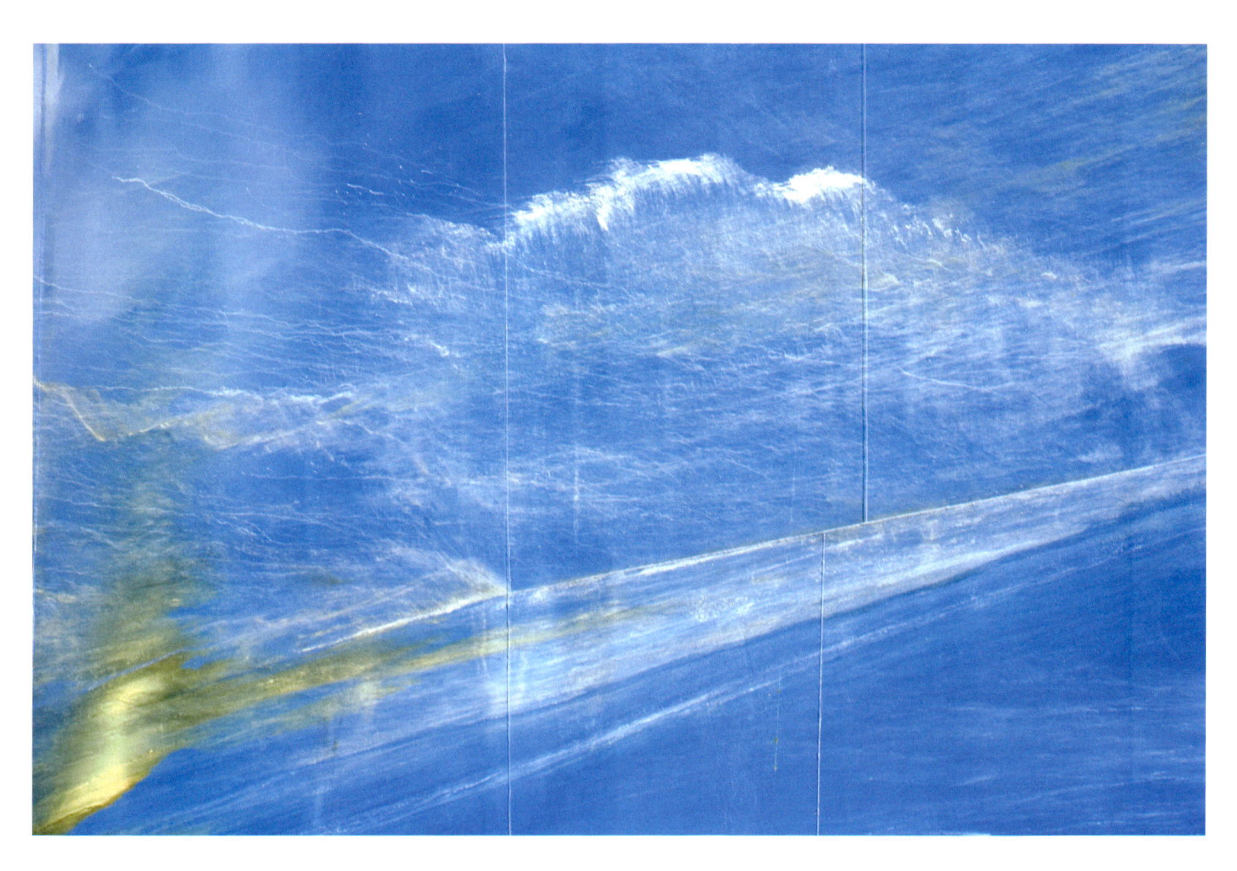

CONDENZSTREIFEN
CONDENSATION TRAIL

FLUSSDÄMMERUNG
DELTA DUSK

KAISERSEE
EMPORERS LAKE